若是不说到牧场牲畜的迁移，似乎觉得这个西迁的故事不甚完整。中大牧场中有许多国内外很好的牲畜品种，应当保留。我们最初和民生公司商量，改造了轮船的一层，将好的品种，每样选一对，随着别的东西西上。这真是实现唐人"鸡犬图书共一船"的诗句了。可是还有余下来在南京的呢？我临离开的时候，告诉一位留下管理牧场的同仁说，万一敌人逼近首都，这些余下的牲畜，你可迁则迁，不可迁则放弃了，我们也不能怪你。可是他决不放弃。敌人是十二月十三日攻陷南京的，他于九日见军事形势不佳，就把这些牲畜用木船运过江，由浦口、浦镇，过安徽，经河南边境，转入湖北，到宜昌再用水运。这一段游牧的生活，经过了大约一年的时候。这些美国牛、荷兰牛、澳洲牛、英国猪、美国猪和用笼子骑在它们背上的美国鸡、北京鸭，可怜也受日寇的压迫，和沙漠中的骆驼队一样，踏上了它们几千里长征的路线，每天只能走十几里，而且走一两天要歇三五天。居然于第二年的十一月中到了重庆。领导这个牲畜长征的，是一位管牧场的王酉亭先生，他平时的月薪不过八十元！

——摘自罗家伦《炸弹下长大的中央大学——从迁校到发展》

 王西亭(1901—1982),又名友廷,江苏涟水人。曾就读于淮阴中学、涟水农校、东南大学农学院畜牧系。1927年担任东南大学农科成贤牧场技术员。1928年起先后担任睢宁县、涟水县建设局长。1931年起,任中央大学农学院教师、畜牧兽医兼场长。1937年12月至1938年11月,带领畜牧场员工把中央大学从国外引进的、科研用的一千多头(只)畜禽辗转千里,历经千辛万苦,西迁到重庆。

中央大学畜禽西迁路线

（1937年12月至1938年11月）

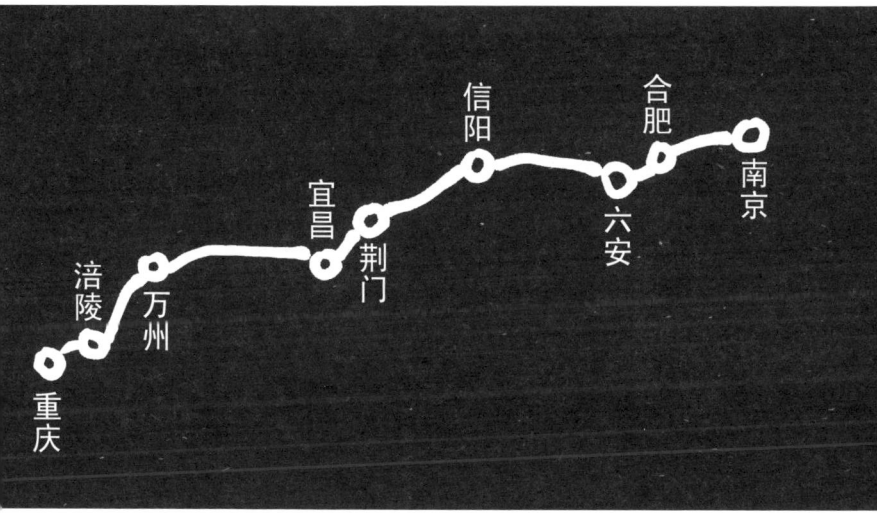

运送中央大学西迁人员、物资的民生轮

丁家桥中央大学农学院畜牧场出发 向西→

南京下关中山码头
1937年12月,中央大学农学院千余头畜禽从这里开始西迁之路

向西→

停泊在三汊河的木船

王酉亭夫妇结婚照（1932年摄于南京）

向西→

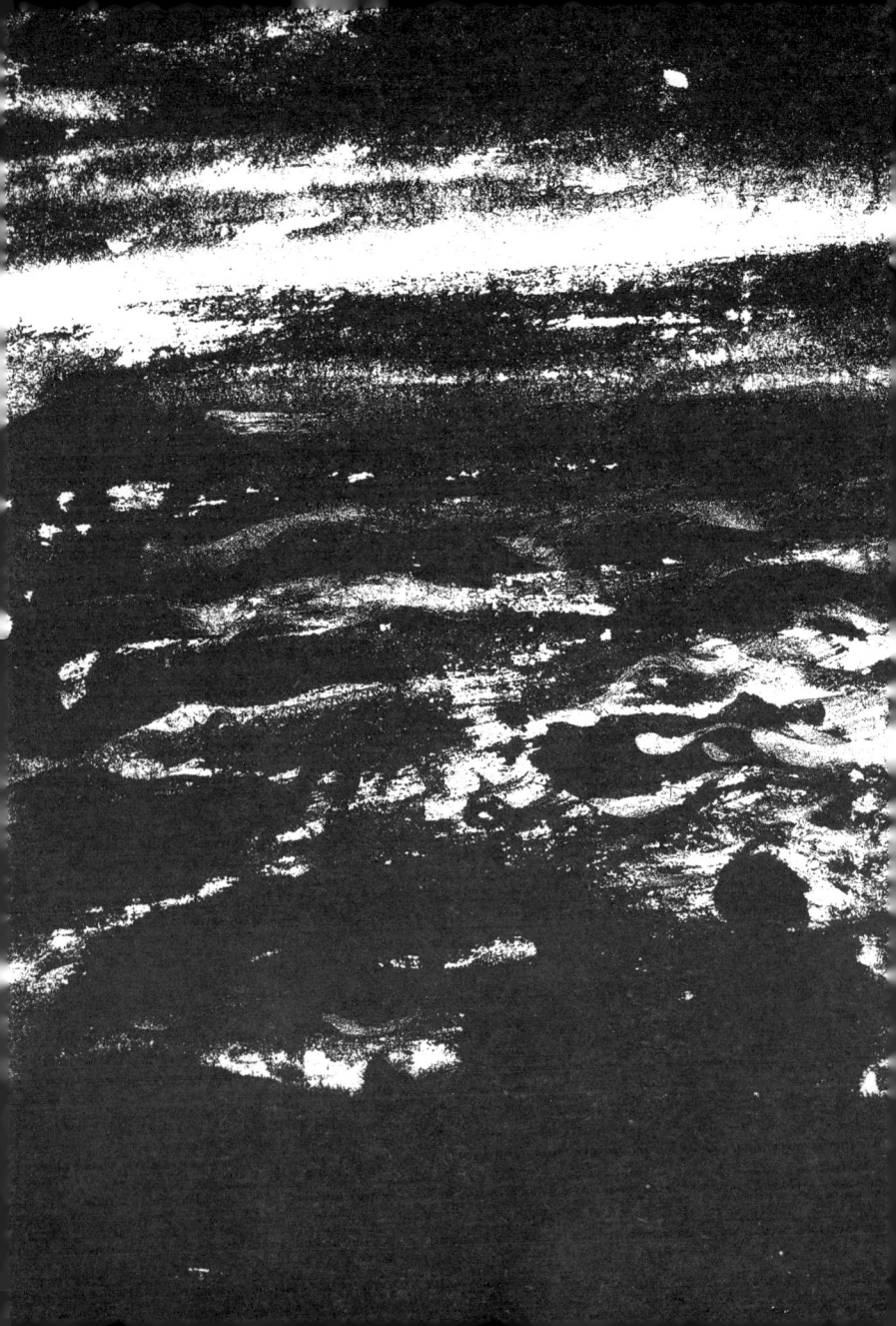

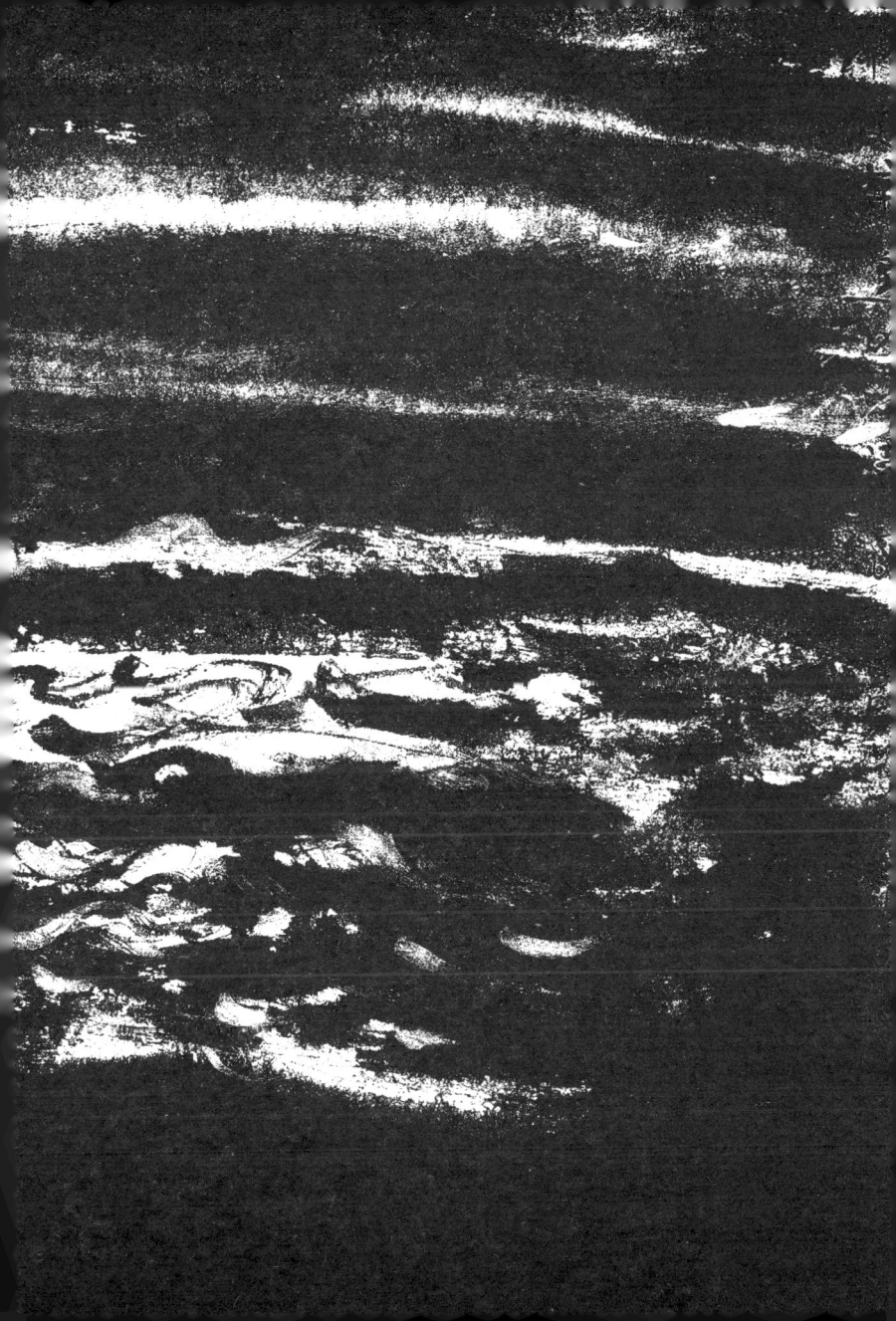

王酉亭先生与夏淑哲女士新婚合影(1932年摄)

向西→

南京下关三号码头,中央大学最后一批西迁重庆的人员和物资即将登船,王酉亭赶来送别妻儿,毅然放弃千金难求的船票,独自返回学校畜牧场。

向西→

中大农学院从美国和澳大利亚等地花巨资引进的良种禽畜

向西→

中央大学农学院培养的良种牛

向西→

1937年南京中央大学附属牧场的牛群

向西

必须要把美国牛、荷兰牛、澳洲牛、英国猪、美国猪和美国鸡、北京鸭这些中央大学牧场的、国内外稀缺的牲畜品种护送到重庆,送到我们的中央大学。

向西⟶

向西→

向西 →

向西→

1937年12月9日,南京沦陷前夕,王酉亭率畜牧场的职工们把兔、鸡、鸭等小动物装笼,连夜牛驮马背,驱赶着猪羊至下关江边。重金租木船往返三趟,次日黎明,一千余头牲畜家禽全部过江。上岸后一路疾行,过浦镇、江浦、全椒、合肥,直往河南信阳方向前进。

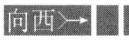

向西

向西

向西→

长达四百多米的"动物大军"和沙漠中的骆驼队一样，踏上了它们几千里长征的路线，每天只能走十几里，而且走一两天要歇三五天。禽畜的粮草和疾患问题是王酉亭们每天都要面临的最大难题。

向西

向西

向西→

王酉亭们率领着"动物大军"一路风餐露宿,于1938年春节前,赶到豫、皖两省交界的六安地区叶家集。王酉亭致电已迁重庆的中央大学,校长罗家伦闻悉禽畜西迁之情况后,立即急电汇款至叶家集。

向西>→

向西→

向西〉→

向西→

向西→

向西→

向西→

向西→

向西→

向西→

王酉亭外出采购粮草时遭遇土匪,与之徒手英勇搏斗,危急关头,幸有路过的军队将士出手相救,方才化险为夷。

向西→

向西

向西

向西

向西

西征的"动物大军"长途劳顿,又正值隆冬时节,有些禽畜患病,甚至被冻死,中央大学指令他们择地休整,开春再动身。

向西

向西

向西

向西→

一天深夜，王西亭得知抗日将士负伤急需救治，就立即带上医疗用品，赶到部队营地连夜施救。为了让这些为国负伤的将士早日康复回归前线，王西亭与同仁们决定挤些牛、羊奶，再宰杀几只畜禽为他们补充营养。将士们非常感动，特地赶来致谢，并奉送了急需的"战区通行证"。

向西→

向西

向西→

向西→

在等待春天的日子里，两只牛犊的出生，让身处漫漫寒夜、身心俱疲的人们看到了希望的曙光。

向西→

向西→

向西→

向西→

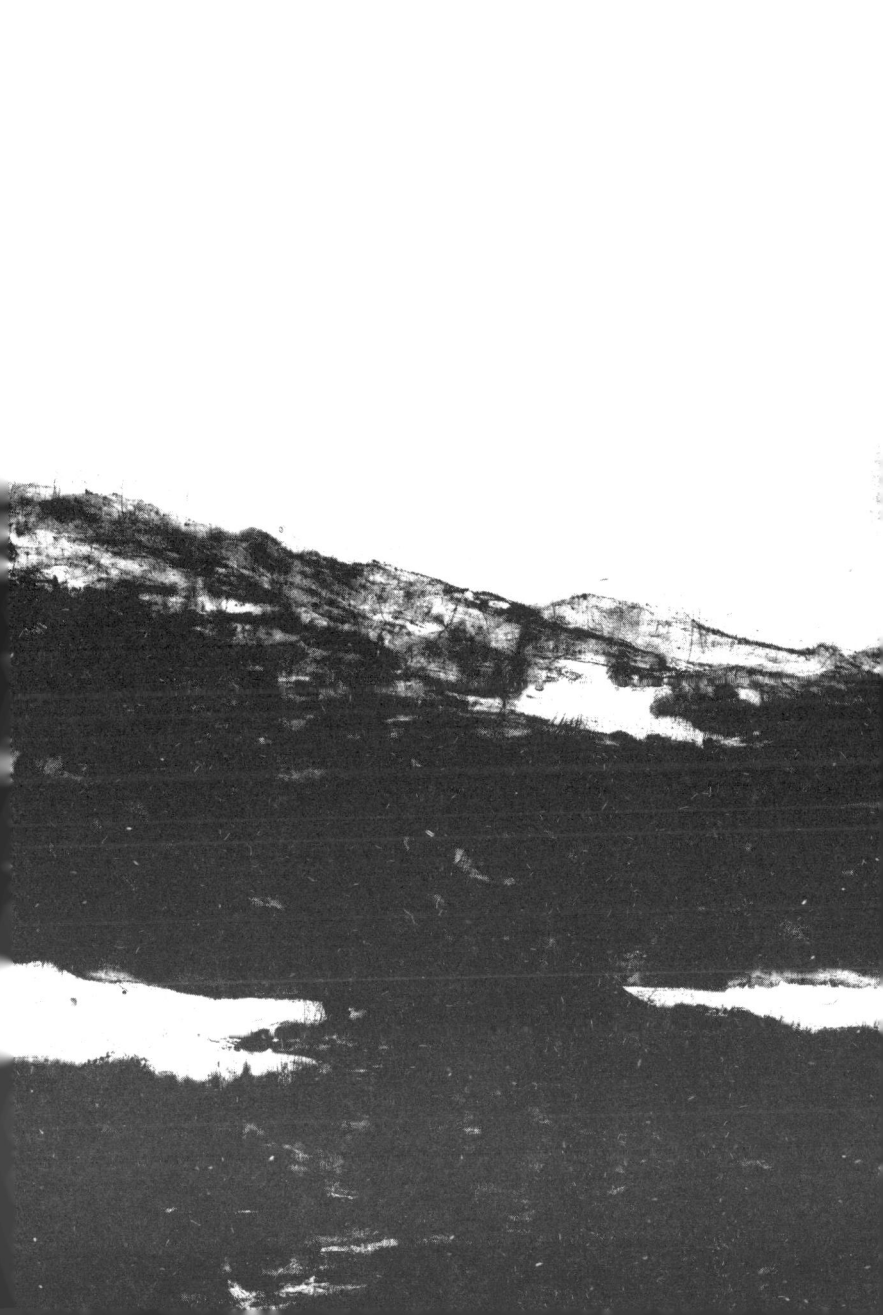

1938年3月，春回大地，四百多米长的西征"动物大军"从大别山整装上路。

向西

向西

向西

向西→

向西

行进途中遭遇日军飞机疯狂轰炸,难民、士兵死伤无数,禽畜也伤亡惨重,王酉亭在悲愤中率"动物大军"继续向河南信阳行进。

向西→

向西→

向西→

向西→

向西→

1938年8月中旬,王酉亭率"动物大军"抵达信阳。此时武汉告急,罗家伦校长急电王酉亭:尽快绕过武汉战区,越平汉线西行。王酉亭随即率队翻山越岭转至湖北中部行进。

向西→

向西

向西

向西

向西→

1938年11月上旬,王酉亭率队一路艰辛抵达湖北宜昌。面对三顾民生轮船公司的衣衫褴褛的王酉亭,民生轮船公司总经理卢作孚被其爱国气节所深深地感动,当即表示无偿提供船只把禽畜运到重庆。

向西→

向西>→

向西→

向西→

王西亭率队由宜昌登船,过秭归、巴东、奉节、万州、涪陵,于1938年11月下旬抵达重庆。

向西

向西

向西➤

向西→

在第二年（1938年）深秋，我由沙坪坝进城，已经黄昏了。司机告诉我说，前面来了一群牛，像是中央大学的，因为他认识赶牛的人。我急忙叫他停车，一看果然是的。这些牲口经长途跋涉，已经是风尘仆仆了。赶牛的王酉亭先生和三个技工，更是须发蓬松，好像苏武牧羊塞外归来一般。我的感情振动得不可言状，看见了这些南京赶来的牛羊，就像看到久别重逢的老朋友一样。我几乎要向前去和它们拥抱。当我和这些南京的"故人"异地重逢时，心中一面喜悦，一面也引起了国难家仇的无限愤慨；我眼中的泪水也不禁夺眶而出了。

——摘自中央大学校长罗家伦《逝者如斯夫集》

向西→

向西

向西→

向西→

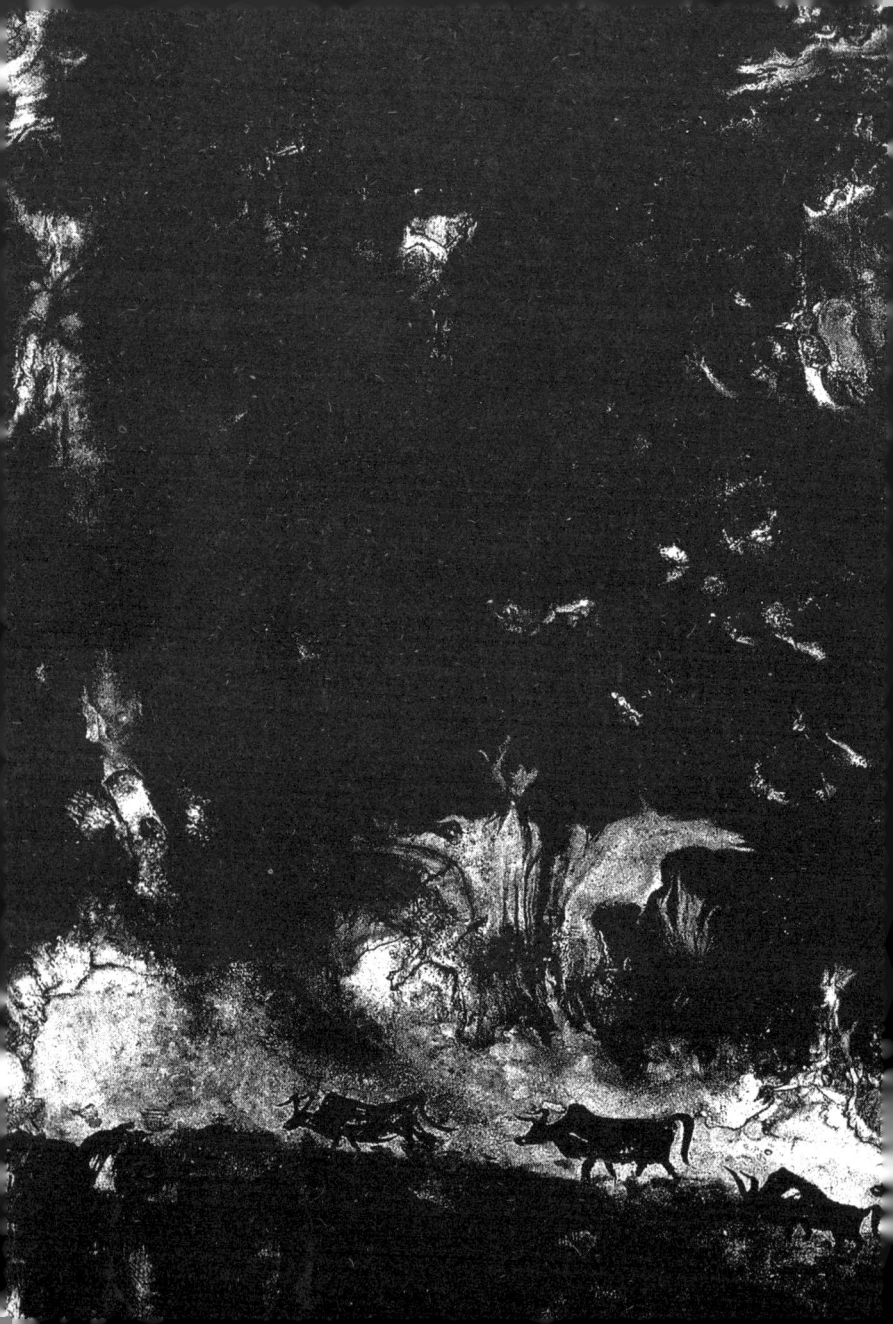

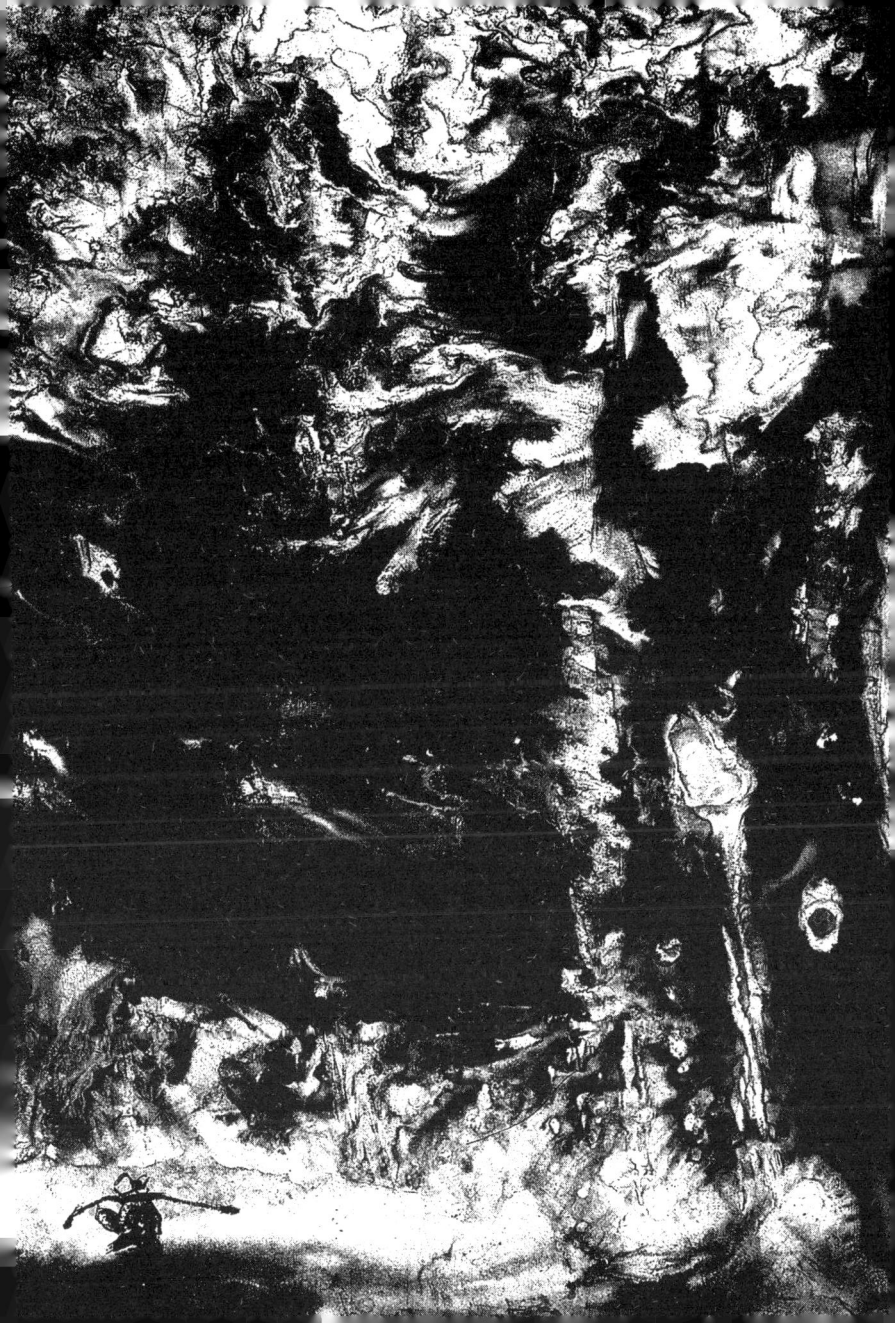

闻讯后,中央大学万人空校,师生列队欢迎跋涉四千余里、历尽艰辛,成功西迁重庆的英雄——王酉亭和他率领的"动物大军"们。

向西→

向西→

向西

向西→

向西→

向西→

向西→

向西→

向西

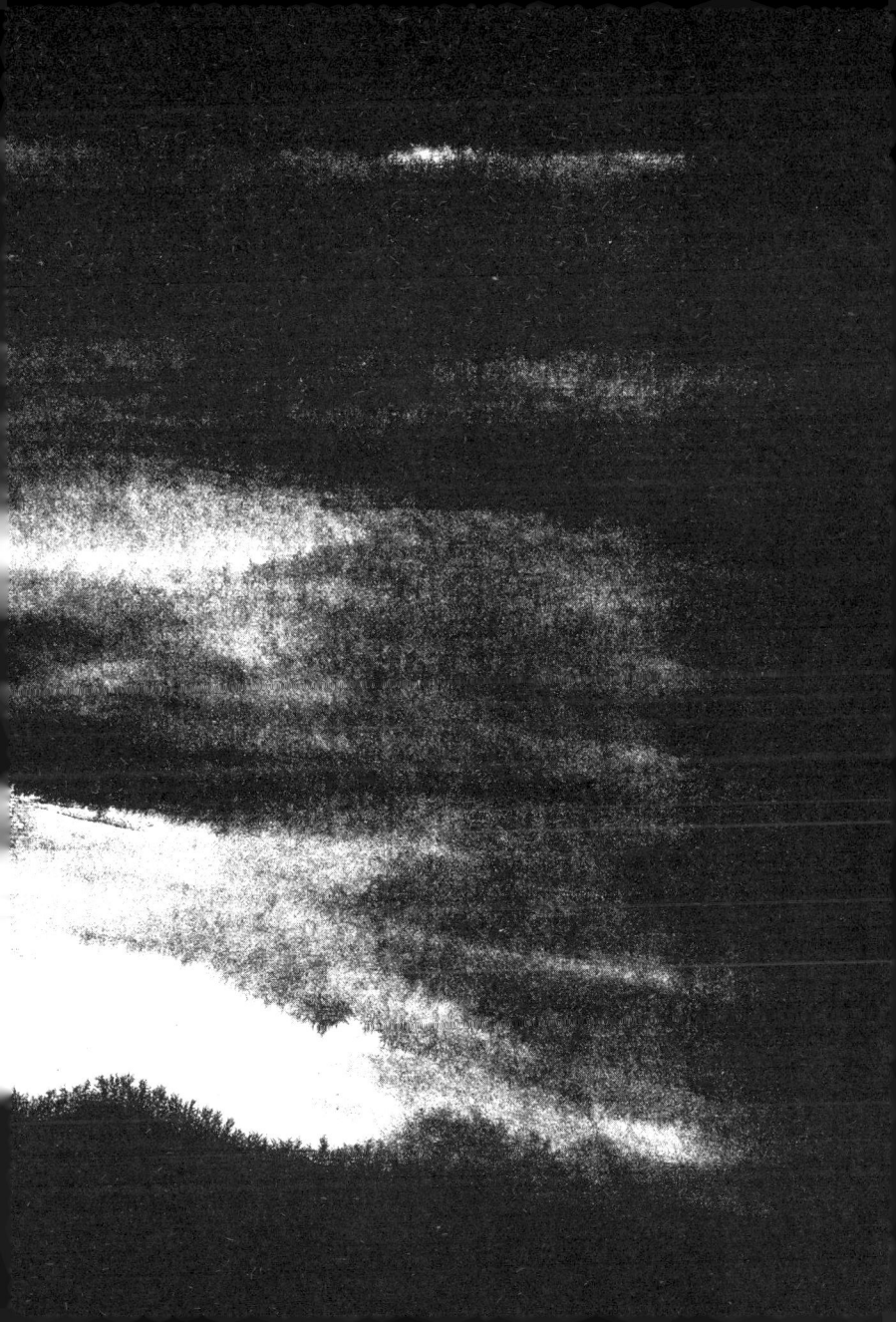

抗战时期的两个大学有两个鸡犬不留——南开大学鸡犬不留，是被日本人的飞机投弹全炸死了；而中央大学鸡犬不留，全部都搬到重庆了。

——南开大学校长张伯苓

向西

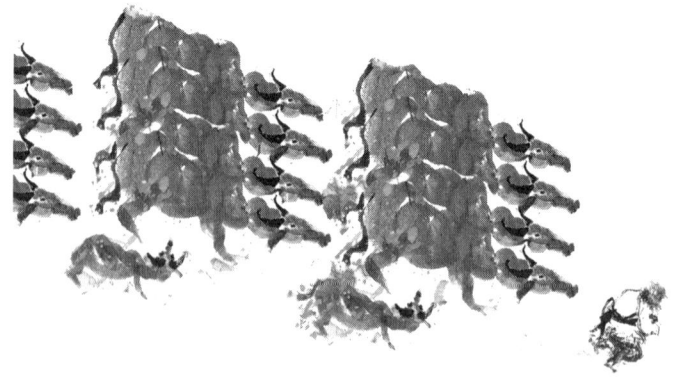

向西→

向西

向西→

向西→

中兴业，须人杰，至诚至真，止于至善，是我中央大学之精神。在日寇的轰炸中，中国大学没有溃败，灾难深重的中华儿女，在抗战中涌现出无数可歌可泣的悲壮故事。成贤畜牧场牲畜家禽西迁，当是其中之一！

——中央大学校长罗家伦

向西→

向西

向西→

向西→

唯有诚朴者方能成就伟大的事业,"诚、朴、雄、伟"是吾校校风的四字方针。你们在敌人的大轰炸、大屠杀的追逼之下,用你们诚朴机敏的行动,将牲畜家禽从敌人的魔爪下抢救出来,辗转千里,历经千辛万苦,来到重庆,以汉代苏武牧羊的榜样,实践了中央大学的精神!

——中央大学校长罗家伦

向西→

向西→

向西

向西→

紫金郁秀大江横,一片弦歌沸石城。
敷教岂曾拘六艺,制天穷理济生民。
嘉陵江上开新局,劫火频摧气益遒。
更喜牛羊明顺逆,也甘游牧到渝州。

——中央大学校长罗家伦

向西→

向西→

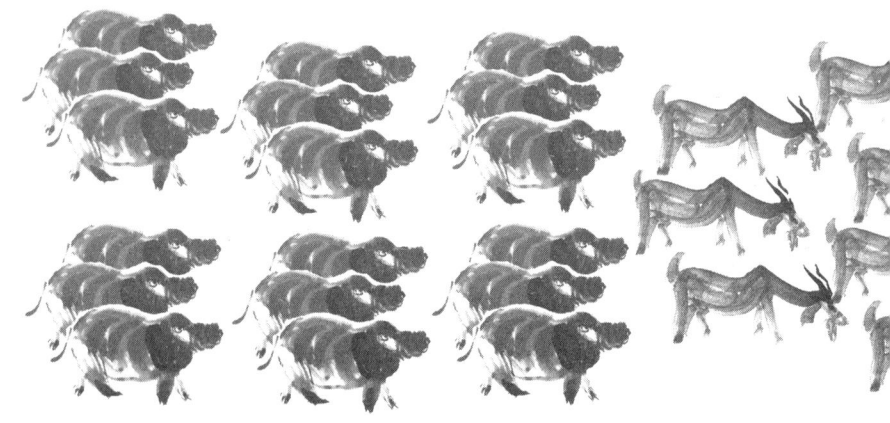

向西→

向西→

向西→

向西→

1945年的王酉亭

向西→

西迁后的中央大学农学院牧场的乳牛

向西→

让我们永远记住他们

王酉亭、吴谦、曹占庭、袁为民,
还有至今我们无从知道名字的壮士们!

抵达重庆沙坪坝畜牧场

图书在版编目（CIP）数据

南大故事.5,向西,向西 / 杨小民编绘. -- 南京：南京大学出版社, 2016.4（2023.9重印）
ISBN 978-7-305-15043-2

Ⅰ.①南… Ⅱ.①杨… Ⅲ.①南京大学—概况—图集
Ⅳ.①G649.285.31-64

中国版本图书馆CIP数据核字（2016）第069391号

出版发行	南京大学出版社
社　　址	南京市汉口路22号　　邮编　210093
网　　址	http://www.NjupCo.com
出 版 人	王文军

	NANDA GUSHI 5　XIANG XI, XIANG XI
书　　名	南大故事5　向西,向西
编　　绘	杨小民
责任编辑	陆蕊含　　编辑热线　025-83592401
策　　划	杨小民
照　　排	南京紫藤制版印务中心
印　　刷	南京爱德印刷有限公司
开　　本	787 mm×1092 mm　1/32开　印张 8.125
版　　次	2016年4月第1版　2023年9月第3次印刷
ISBN 978-7-305-15043-2	
定　　价	38.00元

网址：http://www.njupco.com
官方微博：http://weibo.com/njupco
官方微信号：njupress
销售咨询热线：（025）83594756

* 版权所有，侵权必究
* 凡购买南大版图书，如有印装质量问题，请与所购图书销售部门联系调换